Christelle Jacob

Illustration d'Elsa Houssay

Les mémoires de Grand-Père

D1722251

Canopé

Merci d'avoir acheté notre livre.

Nous sommes une jeune maison d'édition, si le livre vous a plu, nous apprécierions votre avis.

Cela nous aidera à nous faire connaître au plus grand nombre.

Pour ce faire, rendez-vous sur la page internet d'achat de ce livre et cliquez sur «écrire mon avis»

Merci beaucoup !

Mon Grand-Père

adoré

_____

_____

Grand-Père,

Tu sais combien je t'aime, combien nous t'aimons.

Tu as toujours été là pour moi, je te connais bien, mais j'aimerais en savoir plus sur toi.

Je t'offre ce livre afin que tu nous écrives l'histoire de ta vie.

Prends ton temps pour le compléter, si tu le souhaites, nous pouvons le faire ensemble.

Cela me permettra de connaître les différentes étapes de ta vie et de comprendre le cheminement qui t'as amenée à être l'homme que tu es aujourd'hui.

Ensuite, tu me le redonneras, je le garderai précieusement, ce sera l'héritage que tu me transmettras.

Merci Grand-Père

Sommaire

Ta famille

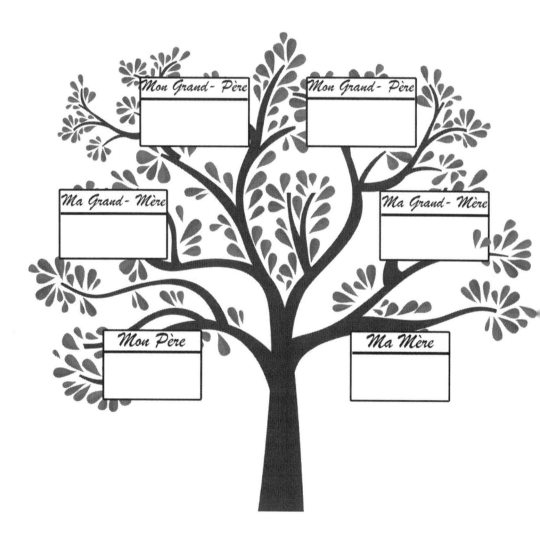

Ta naissance

Ta naissance

"Les enfants des mères sont comme les rêves...aucun n'est aussi merveilleux que les siens." (Proverbe japonais)

Quand et où es-tu né ?

Quels sont tes prénoms ?

Es-tu né à l'hôpital ? Si non, pourquoi ?

Ta naissance

Quel âge avaient tes parents quand tu es né ?

_____

_____

Avais-tu des frères et sœurs à ta naissance ?

_____

_____

_____

A-t-on fêté religieusement ta naissance ?

_____

_____

_____

Ton enfance

Ton enfance

Peux-tu décrire la ville où tu as grandi ?

Ton enfance

Comment était ton enfance ?

Ton enfance

Quelle était ton histoire préférée ?

_____

_____

_____

_____

Quand tu regardais par la fenêtre de ta chambre, que voyais-tu ?

_____

_____

_____

_____

_____

Peux-tu dessiner l'habitation de ton enfance ?

Ton enfance

Qu'est-ce qui t'a un jour terriblement effrayé ?

_____

_____

_____

_____

_____

Avais-tu un surnom lorsque tu étais enfant ? Quelle en était la raison ?

_____

_____

_____

Ton enfance

Comment passais-tu tes étés ?

_____

_____

_____

_____

_____

Quel a été ton lieu de vacances préféré ?

_____

_____

_____

_____

As-tu une photo de toi quand tu étais enfant ?

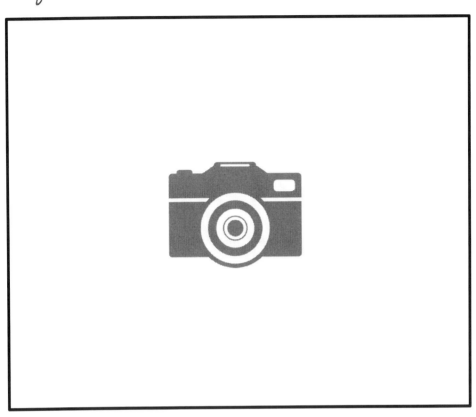

Lieu _____

Date _____

Notes

Ton enfance

Quels étaient tes jouets préférés ?

_____

_____

_____

Qui était la personne la plus âgée dont tu te souviennes ?

_____

_____

_____

Qui était ton meilleur ami ?

_____

_____

_____

Ton enfance

Quelle est ta plus grosse bêtise ?

Ton enfance

De quelle façon le monde était différent lorsque tu étais enfant ?

Ta famille

Ta famille

"Il est parfois difficile de savoir qui, dans une famille, commande : le mari, la femme, la belle-mère ou la cuisinière. Mais le chien de la maison, lui, ne se trompe jamais." - Marcel Pagnol

Parle-moi de ton père, son nom, date et lieu de naissance, ses parents.

Ta famille

Raconte quelques souvenirs que tu as
de ton père.

Ta famille

Parle-moi de ta mère, ses noms et prénoms, date et lieu de naissance, ses parents.

Ta famille

Raconte quelques souvenirs que tu as de ta mère.

As-tu une photo de tes parents?

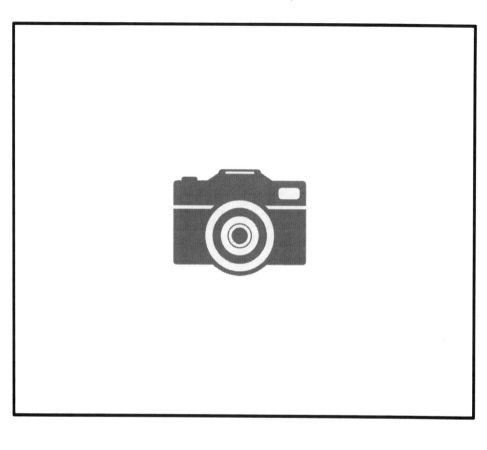

Lieu _____

Date _____

Notes

Ta famille

Quels métiers exerçaient tes parents ?

_____

_____

_____

_____

_____

_____

_____

Mentionne quelques plats que ta mère ou ton père faisait dont tu te souviens ?

_____

_____

_____

_____

_____

Ta famille

Comment était ta relation avec tes frères et sœurs durant ton enfance ?

Ta famille

Peux-tu raconter un souvenir sur tes frères et sœurs ?

_____

_____

_____

_____

_____

_____

Tes grands-parents vivaient-ils près de chez toi ?

_____

_____

_____

Ta famille

Raconte quelques souvenirs que tu as de tes grands-parents.

Ta famille

D'où venaient tes grands-parents ?

_____

_____

_____

_____

Étaient-ils impliqués dans ta vie ?

_____

_____

_____

_____

_____

_____

_____

Ta famille

Te rappelles-tu avoir entendu tes grands-parents parler de leur vie ? Qu'ont-ils dit ?

As-tu une photo de tes grands-parents ?

Lieu —————————————————

Date —————————————————

Notes

Ta famille

Que sais-tu de tes arrières grands-parents ?

_____

_____

_____

_____

_____

_____

_____

Les as-tu rencontrés ?

_____

_____

_____

_____

Ta famille

Qui étaient tes oncles et tantes ?

Ta famille

As-tu des oncles ou des tantes qui t'ont vraiment marqués ?

Ta famille

Quelles sont les traditions familiales
dont tu te souviens ?

Ta famille

Ta famille avait-t-elle une façon particulière de célébrer certaines fêtes ?

Ta famille

La religion avait elle une part importante dans la vie de famille ?

Quelles difficultés ou tragédies ta famille a-t-elle connues pendant ta jeunesse ?

Ta scolarité

Ta scolarité

"Celui qui ouvre une porte d'école, ferme une prison." - Victor Hugo

Etais-tu un bon élève à l'école ?

Comment te comportais-tu à l'école ?

Ta scolarité

Comment étais-tu habillé à l'école ?

_____

_____

_____

_____

Quels sports pratiquais-tu à l'école ?

_____

_____

_____

Où as-tu fait tes études secondaires ?

_____

_____

_____

Ta scolarité

Comment ta scolarité s'est-elle passée ?

_____

_____

_____

As-tu suivi des études supérieures ou professionnelles ?

_____

_____

_____

Quels souvenirs as-tu de ces années ?

_____

_____

_____

_____

As-tu une photo de toi à l'école ?

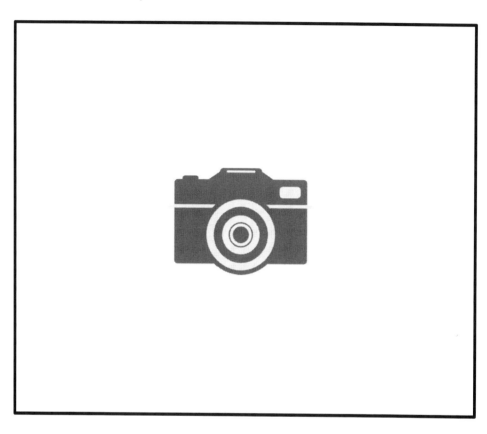

Lieu _____

Date _____

Notes

_____

_____

_____

_____

Ta jeunesse

Ta jeunesse

"Si l'on veut retrouver sa jeunesse, il suffit d'en répéter les erreurs."
- Oscar Wilde

Décris ta personnalité à l'âge de 20 ans

Ta jeunesse

Qui était ton meilleur ami ?

Parle moi de tes amis

Pratiquais-tu un sport ?

Ta jeunesse

Quels étaient tes hobbies, tes passions ?

_____

_____

_____

_____

_____

_____

Avais-tu de l'argent de poche, comment le gagnais-tu ?

_____

_____

_____

_____

_____

_____

_____

Ta jeunesse

A quel âge as-tu passé ton permis de conduire ?

Quelle a été ta première voiture ?

Quel âge avais-tu quand tu as commencé à sortir le soir ?

Te souviens-tu de ton premier rendez-vous amoureux ?

As-tu une photo de toi jeune adulte ?

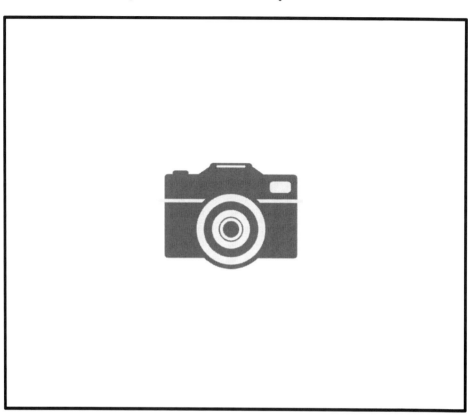

Lieu _____

Date _____

Notes

_____

_____

_____

_____

Peux-tu nous faire un dessin qui
représente ta jeunesse ?

Ton mariage

Ton mariage

"Un mariage heureux est une longue conversation qui semble toujours trop brève." - *André Maurois*

Comment as-tu rencontré Grand-Mère ?

Ton mariage

Quand as-tu su que tu voulais épouser Grand-Mère ?

_____

_____

_____

_____

_____

_____

_____

Depuis combien de temps vous connaissiez-vous lorsque vous vous êtes mariés ?

_____

_____

_____

_____

Ton mariage

Comment s'est passé votre demande en mariage ?

Ton mariage

Quand et où vous êtes-vous mariés ?

Ton mariage

Peux-tu décrire la cérémonie ?

Ton mariage

Quel est ton principal souvenir de ton jour de noces ?

Ton mariage

Etes-vous partis en lune de miel ?
Où ?

As-tu une photo de ton mariage ?

Lieu _____

Date _____

Notes

Ton mariage

Où habitaient tes beaux-parents ?
Comment se passait votre relation ?

Tes enfants

Tes enfants

"Parent c'est un métier dans lequel il est impossible de réussir,
il faut se contenter de faire le moins mal possible.."
- Bernard Werber

Comment as-tu appris que tu allais être papa pour la première fois ?

Tes enfants

Comment avez-vous choisi les prénoms de vos enfants ?

Tes enfants

Quelle est l'une des choses les plus drôles faite par tes enfants quand ils étaient petits ?

Tes enfants

Quelle a été pour toi la part la plus agréable dans l'éducation de tes enfants ?

Tes enfants

Si tu devais recommencer, que changerais-tu sur la façon dont tu as éduqué tes enfants ?

Tes enfants

Quelle a été la partie la plus difficile dans l'éducation de tes enfants ?

Tes enfants

Quelle a été la chose la plus
gratifiante en ce qui concerne ta
qualité de parent ?

Tes enfants

Quelles sont les valeurs personnelles qui sont très importantes pour toi ?

Tes enfants

Qu'as-tu fais pour transmettre ces valeurs à tes enfants ?

As-tu une photo de toi avec Grand-Mère et vos enfants ?

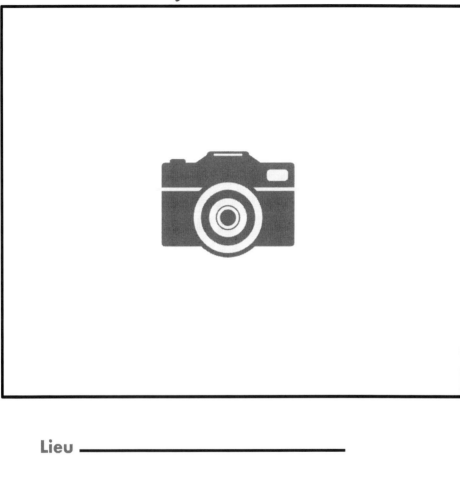

Lieu _____

Date _____

Notes

_____

_____

_____

_____

Ta vie professionnelle

Ta vie professionnelle

"La vocation, c'est avoir pour métier sa passion." - Stendhal

Quelle a été ta première profession ?

Quels métiers as-tu exercé ?

Ta vie professionnelle

Pourquoi les as-tu choisis ?

Ta vie professionnelle

Raconte quelques anecdotes mémorables que tu as vécus quand tu occupais ces emplois

_____

_____

_____

_____

_____

_____

_____

_____

_____

Quel âge avais-tu lorsque tu as pris ta retraite ?

_____

_____

As-tu une photo sur ton lieu de travail ?

Lieu _____

Date _____

Notes

_____

_____

_____

_____

Ta vie d'adulte

Ta vie d'adulte

"Le droit de ne pas réfléchir est l'un des premiers de l'homme adulte.."
- Tristan Bernard

Quelle jeune adulte as-tu été ?

_____

_____

_____

_____

_____

_____

Quel conseil donnerais-tu à la personne que tu étais à 40 ans ?

_____

_____

_____

_____

_____

_____

As-tu une photo de toi entre 30 et 40 ans ?

Lieu _____

Date _____

Notes

Ta vie d'adulte

Quel fut le moment le plus embarrassant pour toi en tant qu'adulte ?

_____

_____

_____

_____

_____

_____

_____

Avais-tu un surnom à l'âge adulte ?
Pour quelle raison ?

_____

_____

_____

_____

Ta vie d'adulte

Peux-tu décrire chaque endroit où tu as vécu et les raisons des déménagements ?

Ta vie d'adulte

Quels sont tes souvenirs de vacances les plus mémorables ?

Ta vie d'adulte

Quels talents as-tu ?

Comment les as-tu découverts ?

Ta vie d'adulte

Qu'as-tu fait pour les cultiver et les améliorer ?

_____

_____

_____

_____

_____

_____

Qu'ont-ils changé à ta vie ?

_____

_____

_____

_____

_____

_____

Ta vie d'adulte

Quelles activités as-tu aimé faire en tant qu'adulte ?

_____

_____

_____

_____

_____

_____

Y a-t-il une mode que tu as particulièrement aimée ?

_____

_____

_____

_____

_____

_____

Ta vie d'adulte

As-tu vécu une guerre ?

Peux-tu me raconter cette période ?

Ta vision du monde

Ta vision du monde

"Le monde entier est un théâtre, Et tous, hommes et femmes, n'en sont que les acteurs.
Et notre vie durant nous jouons plusieurs rôles."
- William Shakespeare

Quels ont été les principaux événements mondiaux, nationaux ou locaux qui se sont déroulés pendant ta vie ?

Ta vision du monde

De quelle façon ces événements ont-ils changé ta vie ?

Ta vision du monde

Quels points de vue ou philosophies de la vie voudrais-tu faire connaître ?

Si tu pouvais changer le monde d'aujourd'hui, peux-tu dessiner comment il serait ?

Ta vision du monde

Cite le nom d'au moins cinq personnes que tu considères comme de grands hommes ou de grandes femmes. Qu'ont-ils fait qui les rend grands à tes yeux ?

Et maintenant

Et maintenant

Quels types de livres aimes-tu lire ?

As-tu déjà joué d'un instrument de musique ?

Te considères-tu créatif ?

Et maintenant

Y a-t-il quelqu'un dans ta vie que tu as considéré comme une âme sœur ?

Qui était-ce et pourquoi ressentais-tu ce lien spécial ?

Et maintenant

Quelle est la chose la plus difficile que tu aies vécu au cours de ta vie ?

Et maintenant

Quelles ont été les décisions les plus difficiles à prendre ?

Et maintenant

Si tu pouvais changer quelque chose de toi-même, qu'est-ce que ce serait ?

Et maintenant

Quelle est la chose la plus incroyable qui t'est arrivée ?

Et maintenant

Quels animaux as-tu eus ?
Quels souvenirs en gardes-tu ?

Et maintenant

Quelle est la plaisanterie la plus drôle que tu connaisses ?

Et maintenant

Quels sont tes hobbies actuellement ?

Et maintenant

Quel est ton film favori et pourquoi ?

Et maintenant

Y a-t-il quelque chose que tu as toujours voulu faire mais que tu n'as pas encore fait ?

Et maintenant

Quel a été ton plus grand mensonge ?

Et maintenant

Si tu pouvais revenir en arrière et recommencer, que changerais-tu ?

As-tu une photo que tu aimes particulièrement et que tu souhaiterais me transmettre ?

Lieu _____

Date _____

Notes

_____

_____

_____

_____

Et maintenant

Que penses-tu que les gens diront à ton sujet quand tu ne seras plus parmi nous ?

Merci

Grand-Père

Printed in France by Amazon
Brétigny-sur-Orge, FR

13560868R00064